Date: 7/2/20

SP J 597 HAN
Hansen, Grace
Peces tropicales

Peces tropicales

Grace Hansen

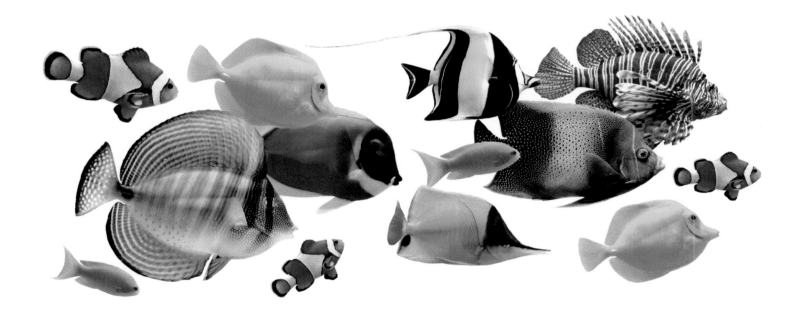

LA VIDA EN EL OCÉANO

Abdo Kids

abdopublishing.com

Published by Abdo Kids, a division of ABDO, PO Box 398166, Minneapolis, Minnesota 55439.

Copyright © 2017 by Abdo Consulting Group, Inc. International copyrights reserved in all countries. No part of this book may be reproduced in any form without written permission from the publisher.

Printed in the United States of America, North Mankato, Minnesota.

052016

092016

THIS BOOK CONTAINS RECYCLED MATERIALS

Spanish Translator: Maria Puchol, Pablo Viedma

Photo Credits: Corbis, iStock, Shutterstock, Thinkstock

Production Contributors: Teddy Borth, Jennie Forsberg, Grace Hansen

Design Contributors: Laura Rask, Dorothy Toth

Publishers Cataloging-in-Publication Data

Names: Hansen, Grace, author.

Title: Peces tropicales / by Grace Hansen.

Other titles: Tropical fish. Spanish

Description: Minneapolis, MN : Abdo Kids, [2017] | Series: La vida en el océano | Includes bibliographical references and index.

Identifiers: LCCN 2016934882 | ISBN 9781680807493 (lib. bdg.) | ISBN 9781680808513 (ebook)

Subjects: LCSH: Tropical Fish--Juvenile literature. | Spanish language materials-- Juvenile literature.

Classification: DDC 597--dc23

LC record available at http://lccn.loc.gov/2016934882

Contenido

Peces tropicales

Los peces tropicales viven en aguas templadas. Generalmente viven cerca de las costas.

Muchos peces tropicales viven en arrecifes de coral. Los arrecifes de coral tienen mucho alimento. Hay muchos lugares para esconderse.

6

Pez payaso

Los peces payaso son peces tropicales. Los peces payaso viven en **anémonas marinas**.

Las **anémonas marinas**
protegen a estos peces. Estos
organismos pican a otros peces.

10

11

Pez ángel

Los peces ángel son peces tropicales. Son de colores vivos. Tienen diferentes **diseños**.

12

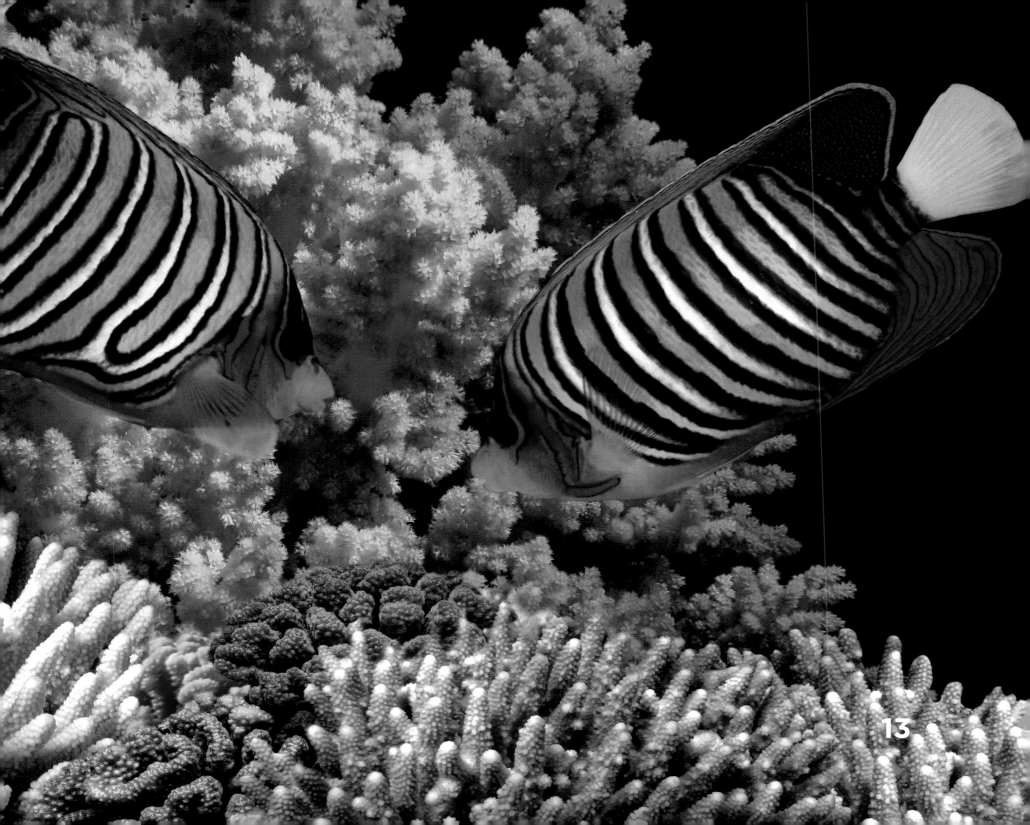

13

Los peces ángel son muy valientes. Nadan entre los buceadores.

15

Pez cirujano

Los peces cirujano son peces tropicales. Son pacíficos y tranquilos. Son de colores vivos.

Pez león

Los peces león son peces tropicales. Tienen rayas. Tienen largas espinas.

19

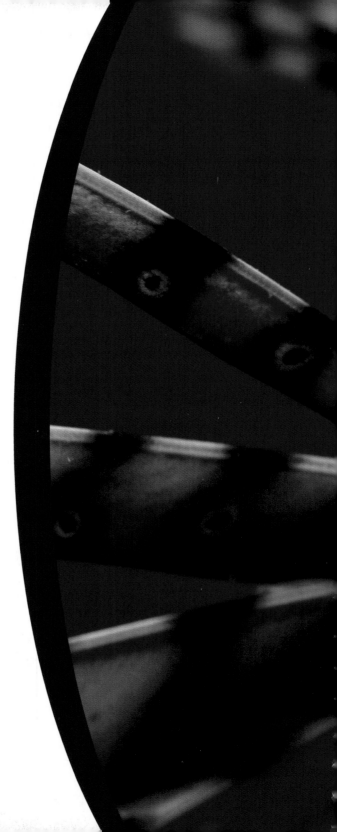

Las espinas son venenosas.

El veneno puede ser mortal.

20

Más datos

- Los peces payaso no sólo son de color naranja, negro y blanco. Hay alrededor de 28 especies diferentes de peces payaso. Pueden ser de muchos colores diferentes.

- Los preciosos y pacíficos peces cirujano pueden vivir durante mucho tiempo. Esto hace que sean mascotas populares.

- Los peces león extienden sus aletas por los lados para atrapar peces. Esto les facilita cazar y comerse a sus presas.

22

Glosario

anémona marina – animal pequeño y colorido que parece una flor.

costa – tierra cercana al océano.

diseño – dibujo repetido. Los diseños pueden ser rayas o manchas.

proteger – mantenerse a salvo.

venenoso – que tiene veneno. El veneno es una sustancia tóxica.

23

Índice

abdokids.com

¡Usa este código para entrar en abdokids.com y tener acceso a juegos, arte, videos y mucho más!

Código Abdo Kids: OTK7129